D1135380

Was ich euch zur Hochzeit wünsche

Texte von Ellen Sonntag

Herzlichen Glückwunsch zur Hochzeit!

Alle meine Wünsche zu eurer Hochzeit
sind in diesem Büchlein festgehalten.
Mit jeder Seite verbindet sich ein Wunsch,
der euch auf eurem gemeinsamen Weg
begleiten soll.

Von wegen kalte Füße gekriegt …
Ihr reicht euch die Hand
und sagt „Ja" zueinander.

Meine herzlichsten Glückwünsche zur Hochzeit!

Guten Flug auf Wolke sieben!

Ihr sagt „Ja" zu einem gemeinsamen Leben,
in dem ihr zusammen neue Erfahrungen macht,
eure Stärken und Grenzen kennen lernt
und gemeinsam euren Horizont erweitert.

Der Geist baut das Luftschiff,
die Liebe aber mag
gen Himmel fahren.

Christian Morgenstern

Vielleicht beginnt ihr eure Ehe
mit einer schönen Reise …

… heißbegehrt ist womöglich
eine Oase der Ruhe,
wo ihr eure Zweisamkeit ganz
ungestört genießen dürft.

*Ich wünsche euch
traumhafte Flitterwochen!*

Die Liebe geht oft seltsame Wege.

Dass jeder von euch den Mut hat,
auch seinen ganz eigenen Weg zu gehen
und ihr dabei trotzdem immer wieder
zueinander findet,
das wünsche ich euch.

*Menschen, die zueinander gehören,
finden auf wundersame Weise
immer wieder zusammen.*

Heinz Rühmann

Dass ihr euer
gemeinsames Zuhause mit
Leben, Liebe und *Zufriedenheit*,
mit Freude und Freunden
füllt, das wünsch ich euch.

Ein Haus wird gebaut,
aber ein Zuhause wird geformt.

Hazrat Inayat Khan

Hoch lebe das Brautpaar!

Dass ihr aneinander wachst,
euch gegenseitig stützt und
in stürmischen Zeiten
nicht gleich schwarz seht,
sondern im Grunde jeder weiß,
was er am anderen hat,
das wünsche ich euch.

Dass es euch immer wieder gelingt,
euch gegenseitig ein bisschen
das Leben zu *versüßen*,
das wünsch ich euch.

*Die Liebe lebt
von liebenswürdigen Kleinigkeiten.*

Theodor Fontane

Sich in der Gegenwart des anderen
ganz natürlich zeigen zu können und
sich *vollkommen fallen* zu lassen,
ist Zeichen großen Vertrauens.
Das wünsche ich euch beiden.

Die wahre Liebe ist voller Vertrauen.

Claudine Alexandrine Guêrin de Tencin

Jede Partnerschaft hat auch ihren Alltag.
Dass ihr immer wieder eine Brise
Frühlingsfrische
in eure Beziehung zaubern könnt,
das wünsch ich euch.

*überall wachsen
kleine Wunder,
überall blüht
das Leben.*

Christine Mainacht

Sich gegenseitig die *Sterne
vom Himmel* zu holen,
ist so schön …

Dass euch aber auch
die kleinen Dinge im Leben
vor Freude strahlen lassen,
das wünsche ich euch.

Dass euch durch alle Gezeiten
ein starkes Band verbindet
und ihr gemeinsam
an einem Strang zieht,
das wünsch ich euch.

Jedes Geschöpf ist mit einem anderen
verbunden, und jedes Wesen
wird durch ein anderes gehalten.

Hildegard von Bingen

Dass ihr,
wie diese beiden Bäume,
im *Miteinander* aufblüht,
aneinander wachst und
euch gegenseitig Freiraum lasst,
das wünsche ich euch.

Was du liebst, lass frei.
Kommt es zurück,
gehört es dir für immer.

Konfuzius

Seid ihr einmal rundum stolz aufeinander
und habt einander besonders gern,
dann sagt es dem anderen ruhig –
zum Beispiel durch Blumen.

Ich wünsche euch viele gute Ratschläge,
die euch auf eurem Weg begleiten.

Und wenn es einmal Tränen gibt…
Dann wünsche ich euch,
dass der eine den anderen
sanft auffängt,
ihn wieder aufblühen und
sein Gesicht erstrahlen lässt.

Die Liebe wirkt magisch.

Novalis

Jeder hat so seine *Ecken und Kanten*.
Dass ihr sie annehmen könnt und dabei
vielleicht ein kleines bisschen schmunzelt,
das wünsche ich euch.
Und solltet ihr euch doch einmal
daran stoßen, wünsche ich euch,
dass ihr den Problemen
gemeinsam auf den Grund geht,
bis sich die Wogen wieder glätten.

Vielleicht gibt es hin und wieder
kleine *Unstimmigkeiten*,
weil der eine es gerne ordentlich hat ...

... und der andere doch mehr das Chaos liebt?

Ich wünsche euch neben all den
liebenswerten *Eigenheiten*,
auch ein weites Feld an wachsenden
Gemeinsamkeiten.

*Wenn wir entdecken,
wie viel Gemeinsames
uns verbindet, wird
nebensächlich, was uns trennt.*

Peter Klever

... Und kriegt ihr euch plötzlich
doch einmal in die Wolle,
dann wünsche ich euch,
dass der Ärger rasch verfliegt und
die *Sonne* wieder für euch scheint.

*Streit in der Liebe
ist Erneuerung in der Liebe.*

Terenz

Gibt es etwas Schöneres als
in den Arm genommen zu werden,
von jemanden, den wir lieben?
...Vielleicht nur diesem Menschen
selbst Geborgenheit zu schenken.

Ich wünsche euch viele
bärig schöne Kuschelstunden.

Was ich euch auf diesem Blatt wünsche:

Dass ihr ernsthaft miteinander reden könnt,
einander aufmerksam zuhört und
euch gegenseitig Halt gebt.
Dass ihr euch aber ebenso
gemeinsam kringeln könnt
vor Lachen.

*Nichts verbindet zwei Menschen so sehr
wie gemeinsames Lachen.*

B. G.

Die Liebe verleiht einem Flügel
und gibt im Auf und Ab des Lebens
immer wieder Auftrieb und Kraft.

Ich wünsche euch goldene Zeiten.

Mit Vollgas ins gemeinsame Glück.

Dass ihr eurer Liebe
auch noch nach vielen, vielen Jahren
immer wieder die TÜV-Plakette geben würdet,
das wünsche ich euch.

*Einen Menschen lieben
heißt einwilligen,
mit ihm alt zu werden.*

Albert Camus

Meine Wünsche für dich

Ellen Sonntag, geb. 1963 in Berlin, ist Bibliothekarin mit Leib und Seele. Während ihres Erziehungsurlaubes entdeckte die dreifache Mutter ihre Freude am Schreiben. Neben ihrer Berufstätigkeit und ihrer ehrenamtlichen sozialen Tätigkeit schreibt Ellen Sonntag in ihrer Freizeit gerne Kurzgeschichten, meditative Texte und Gedichte.

Meine Wünsche für dich –
in dieser Reihe gibt es:

Von Heidi und Hannes Bräunlich:

- „Was ich dir wünsche"
  ISBN 978-3-89008-594-4

- „Meine besten Wünsche für dich"
  ISBN 978-3-89008-347-6

Von Ellen Sonntag:

- „Was ich dir zum Geburtstag wünsche"
  ISBN 978-3-89008-389-6

- „Was ich euch zur Hochzeit wünsche"
  ISBN 978-3-89008-388-9

- „Ein Strauß voll guter Wünsche"
  ISBN 978-3-89008-727-6

Bildnachweis:
Titel: Guido Pretzl; S.5: Image State/K. Schafer/Premium; S.7: Peter Santor; S.9: Bärbel Henschel; S.11: Gerald Schwabe; S.13: Dieter Letter; S.15: Ronald Fischer; S.17: Mauritius/Walker; S.19: Georg Popp; S.21: Jürgen Vogt; S.23: Joachim Groh; S.25: Sibille Müller; S.27: Franz Klaus; S.29: Robert Spönlein; S.31: Wilfried Wirth; S.33: Günter Vierow; S.35: Alfred Albinger; S.37, 41: Silke Groh; S.39: Josef Wasserer; S.43: Heinz Ney; S.45: Patrick Frischknecht; S.47: Siering/Premium

Quellenangabe:
Wir danken allen Autoren und deren Erben, die uns freundlicherweise die Erlaubnis zum Abdruck von Texten erteilt haben.

ISBN 978-3-89008-388-9
© 2005 Groh Verlag GmbH & Co. KG
www.groh.de

Ein Lächeln schenken

Geschenke sollen ein Lächeln auf Gesichter zaubern und die Welt für einen Moment zum Stehen bringen. Für diesen Augenblick entwickeln wir mit viel Liebe immer neue GROH-Geschenke, die berühren.

In ihrer großen Themenvielfalt und der besonderen Verbindung von Sprache und Bild bewahren sie etwas sehr Persönliches.

Den Menschen Freude zu bereiten und ein Lächeln zu schenken, das ist unser Ziel seit 1928.

Ihr